Hamster

Goldhamster, Streifenhamster und Dsungaren

Von Georg Gaßner
mit 50 Farbfotos von Regina Kuhn
und 22 Zeichnungen von
Siegfried Lokau

3. Auflage

Inhalt

Lieber Tierfreund,

mit seinem samtig weichen Fell, den lustigen schwarzen Knopfaugen, dem winzigen Stummelschwanz und der gedrungenen Gestalt ist der Hamster in den Augen vieler Menschen und vor allem für Kinder ein besonders begehrenswertes Heimtier. Der Entschluß, einen solchen kleinen Nager halten zu wollen, ist daher meist schnell gefaßt. Hinzu kommt, daß Hamster, wie viele andere Nagetiere auch, gegenüber größeren Heimtieren eine Reihe von Vorteilen besitzen:

- sie sind hervorragend für Anfänger in der Tierhaltung geeignet
- die Anschaffungskosten sind nicht unerschwinglich
- sie benötigen nicht viel Platz und nur wenig Futter.

Dazu lernen Kinder ebenso wie Erwachsene bei der Pflege eines Heimtieres wie eines Hamsters, mit lebenden Tieren sorgsam umzugehen und vor allem Verantwortung für ein Mitgeschöpf zu übernehmen.

Auch haben sie die Möglichkeit, im häuslichen Bereich ein kleines Stückchen Natur aus nächster Nähe zu beobachten.

In diesem Buch werden die vier, unterschiedlich häufig in Zoofachgeschäften erhältlichen, Hamsterarten genauer beschrieben. Alle Ratschläge gelten für diese Arten, haltungstechnische Besonderheiten werden gesondert erwähnt.

Die bekannteste Art ist der **Syrische Goldhamster** *(Mesocricetus auratus)*; für viele Menschen **der** Hamster. Die anderen drei im Handel befindlichen Hamsterarten werden zu den Zwerghamstern gezählt: Der **Chinesische Zwerg-** oder **Streifenhamster** *(Cricetulus griseus)* und der Dsungarische Zwerghamster *(Phodopus sungorus)* werden schon seit etwa 15 bis 20 Jahren mehr oder weniger regelmäßig als Heimtier angeboten.

Der kleinste Hamster mit dem zugleich kompliziertesten Namen ist der immer häufiger angebotene **Roborowski-Zwerghamster** *(Phodopus roborovskii)*, der ein sandfarbenes Fell hat. Er ist viel flinker, manchmal sogar »hektischer« und deshalb nur ganz bedingt als Streicheltier geeignet.

Was zu Anfang bedacht werden sollte

Da die erste Begeisterung über neu erstandene Tiere leider auch bei vielen sogenannten Tierfreunden bald schwindet und die Heimtiere dann nur mehr – wenn überhaupt – mit dem Notwendigsten versorgt werden, sollte man sich den Wunsch, ein Tier zu halten, genau überlegen. Die relativ kurzlebigen Nagetiere sind zwar nicht sehr anspruchsvoll, haben aber doch einige Bedürfnisse, die unbedingt zu beachten sind.

Kopfüber sieht die Welt ganz anders aus. Ob er wieder heil herunterkommt?

Folgende Fragen, die auch als Entscheidungshilfe dienen, sollte man positiv beantworten können:

Hamster sind, mit einigen Ausnahmen, dämmerungs- und nachtaktiv. Sind Sie bereit, dies zu akzeptieren? Störungen tagsüber sind für Hamster Streß, der lebensverkürzend wirkt.

Haben Sie Platz für den Käfig? Hamster im Schlafzimmer sind sicher nicht förderlich für Ihre Nachtruhe. Ein Standort in der Küche, einem zugigen Vorzimmer oder einem stark verrauchten Wohnzimmer hingegen ist der Gesundheit Ihres Heimtieres nicht dienlich.

Wie fast alle Säugetiere haben auch Goldhamster eine helle Körperunterseite.

Bedenken Sie, daß Hamster Lebewesen sind, die eventuell Staub oder sogar Nagespuren verursachen können?

Sind auch alle Familienmitglieder mit dem neuen Heimtier tatsächlich einverstanden?

Haben Sie oder Angehörige keine Staub- oder Fellallergie?

Es ist theoretisch zwar relativ leicht möglich, ein kleines Heimtier in den Urlaub mitzunehmen, sofern man mit dem Auto unterwegs ist. Der Streß durch Hitze/Kälte, Lärm oder Zugluft kann dem Tier aber schaden. Haben Sie daher die Möglichkeit, die Hamster in Ihrer Urlaubszeit von fachkundigen Händen betreuen zu lassen?

Viele Hamster sind absolut handzahm. Aber auch so ein Tier kann einmal beißen, sei es aus »Versehen« oder zur Abwehr. Ist das für Sie kein Grund, Ihren »Liebling« abzulehnen?

Hamster als Geschenk

Unser Verantwortungsbewußtsein kann, wie bereits erwähnt, durch die Aufgabe, ein Lebewesen zu pflegen, gestärkt werden. Deshalb empfehlen viele Pädagogen, Kinder und Jugendliche mit Tieren aufwachsen zu lassen. Kinder zwischen dem 1. und 8. Lebensjahr sollten bei der Pflege der Tiere von Erwachsenen unterstützt werden. Da die Anschaffung eines Nagetieres sehr gut durchdacht sein sollte, ist es Unfug beziehungsweise Tierquälerei, jemandem einen Hamster als Überraschungsgeschenk mitzubringen.

Auch wenn Hamster geschickte Kletterer sind, ein Absturz kann gefährliche Folgen haben.

Wie soll der Käfig aussehen

Außer in einem Gitterkäfig, der in fast jedem Zoofachgeschäft erhältlich ist, kann man Goldhamster auch in Glasbehältern und Selbstbaukäfigen unterbringen. Es bieten sich hier verschiedene Möglichkeiten, Käfige zu erwerben oder auch selbst zu bauen.

Gitterkäfig

Drahtkäfige mit einer Kunststoff-Bodenwanne sind recht zweckmässig und werden deshalb auch am häufigsten verwendet. Doch viele käufliche Hamsterkäfige sind entweder zu klein, haben zu großen Gitterabstand oder zur besseren Reinigung Gitterroste, auf denen die Hamster als Wüstenbewohner mit kurzen Füßen aber nur sehr ungern laufen und kaum Halt finden.

Ein Hamsterkäfig mit einer Grundfläche von 50 × 40 cm und einer Gitterhöhe von 25 cm hat die idealen Größenmaße. Zur Innenausstattung gehören ein Schlafhäuschen, der Kletterbaum und das Hamsterrad.

Sie sollten beim Kauf eines Käfigs einiges beachten:

- Die **Mindestlänge** sollte etwa 50–60 cm betragen.
- Der **Abstand zwischen den Gitterstäben** sollte bei Goldhamstern höchstens **10 mm**, bei Zwerghamstern höchstens **5–6 mm** sein.
- Es sollten **keine Gitterroste** eingebaut sein; eine eventuell vorhandene zweite Etage innerhalb des Käfigs müßte aus Kunststoff oder Holz sein.
- Der Käfig muß unbedingt **querverdrahtet** sein, da Goldhamster und Streifenhamster gut und gerne klettern. Aufgrund schwerwiegender Nachteile sind Vogelkäfige nicht für die Haltung von Nagetieren zu empfehlen.

Glasbehälter

Für die kleinen Roborowski- und auch für Dsungarische Zwerghamster sind Glasbehälter besser geeignet als Gitterkäfige. Die kleinen Hamster klettern fast nicht und nutzen deshalb die Gitter nicht aus. Man kann sowohl **Glasbehälter** und undichte **Aquarien** als auch **Terrarien** mit verschiebbaren Vorderscheiben und Lüftungsflächen verwenden.

Bei Aquarien, die ja nur nach oben geöffnet sind, sollte man darauf achten, daß die Höhe des Beckens nicht größer als die Breite ist. In einem zu hohen und schmalen Aquarium bildet sich oft Schwitzwasser und damit verbunden Bakterien, da die Luft innerhalb des Beckens nur schlecht zirkulieren kann.

Ein mit Drahtgitter bespannter Holzrahmen kann als Abdeckung von Aquarien dienen; er ist allerdings bei Roborowski, Campbell-

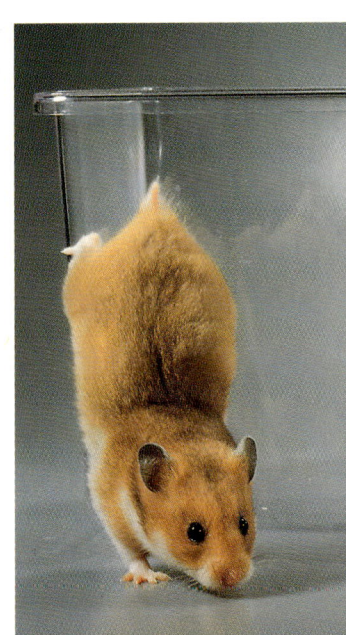

und Dsungarischen Zwerghamstern nicht unbedingt notwendig. Bei handelsüblichen, für Reptilien konzipierten Terrarien muß man darauf achten, daß die Lüftungsgitter (seitlich oder oben) und die Schienen der Schiebescheiben aus unzernagbaren Materialien bestehen. Natürlich ist es möglich, auch Streifen- und Goldhamster in Glasbehältern zu halten.

Eine im Vergleich zum Käfig größere Grundfläche gleicht die fehlenden Klettermöglichkeiten aus. Empfehlenswerte Richtgröße für Roborowski- und Dsungarische Zwerghamster: $50 \times 30 \times 25$–30 cm (Länge $\times$ Breite $\times$ Höhe). Für Goldhamster sollte der Behälter jedoch etwas größer sein: $80 \times 40 \times 30$–40 cm und bei Streifenhamstern: 50–$60 \times 40 \times 30$–40 cm.

Kleine Kolonien verträglicher Hamster sollten allerdings in größeren Behältnissen untergebracht werden. Die Größenangaben gelten für ein bis zwei Tiere!

Doch selbstverständlich kann ein Behälter gar nicht groß genug sein – die Grenze nach oben ist nur durch die eigenen räumlichen Gegebenheiten bedingt!

Ein Käfig zum Selbstbauen

Eine Nagerunterkunft selbst zu bauen, ist mit etwas handwerklichem Geschick keine Schwierigkeit. Beschichtete Spanplatten mit ungefähr 12–15 mm Dicke werden zu einer Art Kiste zusammengeschraubt.

Wahlweise kann man vorne eine Glasscheibe einfügen und einen Gitterdeckel mit verzinktem Eisengitter anbringen oder man bastelt – mit etwas mehr Aufwand – eine Art Schrank mit Gittertürchen

(ein Holzterrarium mit einer Vorderfront aus Gitter). Ein unten angebrachter, etwa 15–20 cm hoher Streifen aus Glas oder Holz verhindert ein Herausschleudern der Einstreu.

Empfehlenswerte Richtgrössen finden sich im vorhergehenden Abschnitt.

Wo soll der Käfig stehen?

Der Käfig sollte etwas **erhöht** stehen, weil Hamster, wie viele andere Nagetiere, auf »Gefahr von oben« (Greifvögel usw.) besonders stark reagieren – selbst wenn es nur die wohlwollende Hand des Pflegers ist.

Da Hamster, wie die meisten Kleinsäuger, sehr geräuschempfindlich sind, sollte der Käfig **nicht in der Nähe von Lautsprechern** oder eines Radios aufgestellt werden.

Vermeiden sie einen Käfigstandort in der Nähe von Vorhängen – allzuleicht kann nämlich der Stoff vom Hamster zu Nestmaterial zerkleinert werden.

Obwohl viele Hamster Wüstenbewohner sind, ist ihnen **Hitze** durch Sonneneinstrahlung oder in der Nähe von Heizkörpern **nicht zuträglich**. In »freier Wildbahn« schützen sie sich durch Aktivität zur kühleren Nachtzeit und durch tiefe Baue im kühlenden Erdreich vor zu großer Hitze.

Zugluft, sehr hohe **Luftfeuchtigkeit** bei niedriger Temperatur und **Zigarettenrauch schaden** der Gesundheit eines Hamsters (ebenso wie der eines Menschen).

Vertrauen und Neugierde an seiner Umgebung spricht aus diesem Blick.

Raus und Rein: Eine solche Holzröhre bietet immer neue Abwechslung.

Auch ein Blumentopf aus Ton wird gern als Unterschlupf benutzt.

Der Käfig wird eingerichtet

Die Ausgestaltung des Käfigs – die **sinnvolle** Einrichtung – ist für das Wohlbefinden der Pfleglinge mindestens ebenso wichtig wie die Käfiggröße.

Als **Einstreu** eignen sich **Hobelspäne** am besten, da sie relativ staubarm, sehr saugfähig und leicht sind. Sägespäne aus Tischlereibetrieben sind jedoch meist verunreinigt und nicht entstaubt und so für Hamster sehr ungesund.

Für Dsungarische-, Campbell- und Roborowski-Zwerghamster kann man auch feinen trockenen **Sand** wie er für Vögel und Chinchillas angeboten wird, verwenden. Nachteilig ist allerdings, daß er die Feuchtigkeit weniger gut aufsaugt, viel schwerer und in der Anschaffung teurer ist.

Da Erde oft Parasiten oder Krankheitserreger enthält, rate ich ab, sie als Einstreu zu verwenden. Torf sollte aus Naturschutzgründen nicht benützt werden. Zum Bauen von Gängen sind Erde oder Torf ohnehin nur in angefeuchtetem Zustand brauchbar – für die Hamster, die die Trockenheit lieben, also grundsätzlich ungeeignet.

Als Unterschlupf für viele Arten von Nagetieren haben sich umgestülpte unglasierte **Tonblumentöpfe** oder Tonschalen sehr gut bewährt. Tontöpfe sind billig, leicht mit heißem Wasser zu reinigen und haben eine »eingebaute Lüftung« (Abzugsloch).

Für Goldhamster verwendet man Töpfe mit etwa 12–14 cm Durchmesser, für Zwerghamster solche mit etwa 8–10 cm Durchmesser. Für Goldhamster schlägt man am Rand des Topfes vorsichtig(!) ein etwa 5 × 5 cm großes Loch heraus, für Zwerghamster muß

Nur junge Hamster lieben den Körperkontakt beim Schlafen.

Der Vielfalt an Hamsterhäuschen sind keine Grenzen gesetzt! Besser steht so ein Häuschen direkt am Boden.

Goldhamster klettern gut, sind aber nicht so elastisch wie z. B. Mäuse, wenn sie fallen. Schon ein Sturz aus 1,20 m Höhe auf harten Untergrund ist für den Hamster gefährlich.

es nur etwa 2 × 3 cm groß sein. Die Kanten sollten etwas abgeschliffen werden. Beim umgedrehten Topf dient dieses Loch dann als Einschlupf.

Die käuflichen **Holznistkästen** für Wellensittiche eignen sich auch für Goldhamster gut. Das aufklappbare Dach erleichtert eine Nestkontrolle und der Boden des Nistkastens ermöglicht es, den Käfig zu reinigen, ohne daß das Goldhamsternest beschädigt wird. Das Einschlupfloch des Nistkastens sollte etwas vergrößert werden, da trächtige Weibchen sonst Schwierigkeiten haben, hineinzukom-

Mit Hamsterwatte als Nestmaterial ist Vorsicht geboten!

men. Die im Zoofachhandel angebotenen Hamsterhäuschen sind in den meisten Fällen nicht sehr zweckmäßig. Oft sind sie zu klein (vor allem für Goldhamster), meistens aus Kunststoff oder lackiertem Holz und oft lassen sie sich nicht öffnen, so daß eine Nestkontrolle unmöglich ist. Kleine Plastiksplitter oder Teile von lackiertem Holz können den Darm der Tiere verletzen oder sind giftig.

Viele Zwerghamster bevorzugen es, außerhalb eines Unterschlupfs in einer Ecke des Käfigs Streu zusammenzuscharren und in diesem Haufen ihr Nest zu errichten. Nach meiner Erfahrung ist dies sehr individuell bedingt, man sollte daher ausprobieren, was die eigenen Hamster bevorzugen.

Als **Nestmaterial** eignen sich **Zellstoff** (Toilettenpapier oder unparfümierte Papiertaschentücher) und **Heu** am besten. Bei der Verwendung käuflicher Hamsterwatte kann es passieren, daß sich Hamster mit ihren Krallen darin verhaken.

Saubere Papier- oder Pappschachteln kann man statt in die Altpapiersammlung auch seinen Hamstern geben. Sie bieten ihnen Nage- und Versteckmöglichkeiten. Die anfallenden Papierschnitzel verwenden sie Hamster oft auch als Nistmaterial.

Da (die meisten) Hamster sehr agil und bewegungsfreudig sind, können ihnen **Laufräder** helfen, ihren Bewegungsdrang abzureagieren. Die handelsüblichen Goldhamster-Laufräder sind zu groß für Dsungarische-, Campbell- und Roborowski-Zwerghamster; sie können in einem genügend großen Käfig das Laufbedürfnis stillen.

Es gibt freistehende und am Gitter zu befestigende Metalllaufräder. Für Glasbecken sollte man freistehende Laufräder verwenden, die man bei Bedarf mit etwas Butter oder Speiseöl schmieren kann. Kunststofflaufräder werden sehr häufig benagt und sind dann bald unbrauchbar.

Kleine Ast- oder (nicht modrige) Wurzelstückchen bieten Gold- und Streifenhamstern, die in Glasbecken gehalten werden, zusätzliche **Klettermöglichkeiten**.

Bei Goldhamstern allezeit beliebt: Ein Laufrad (rechts) und Pappschachteln zum Zernagen!

Als **Futternäpfe** für Saft und Körnerfutter verwenden Sie am besten flache standfeste Keramik- oder Steingutware. Kunststoffschalen werden früher oder später zernagt.

Wie ich später noch genauer erklären werden, kann für alle Hamster die Wasserversorgung allein durch Saftfutter sichergestellt werden. Wer zur »Sicherheit« auf Frischwasser nicht verzichten will, der verwende Nippeltränken oder kleine **Trinkfläschchen**. Bei Gitter-

käfigen werden die Tränken von außen durch das Gitter gesteckt. In Glasbecken verwenden Sie entweder Saugnäpfe oder Sie kleben die Halterung für die Flasche mit Silikon oder einem Spezialkleber am Glas fest.

Achtung: Wassernäpfe werden hin und wieder zugescharrt und das ausrinnende Wasser kann deshalb die Streu befeuchten, was der Gesundheit unserer trockenheitsliebenden Hamster nicht zuträglich ist!

Kauf und Auswahl von Hamstern

Goldhamster gehören zum »Standardsortiment« der meisten Tierhandlungen. Immer häufiger werden auch Zwerghamster, insbesondere Dsungaren, angeboten.

Eine weitere sehr gute und auch empfehlenswerte Möglichkeit, an Hamster zu kommen, ist über Anzeigen in Tierzeitschriften und

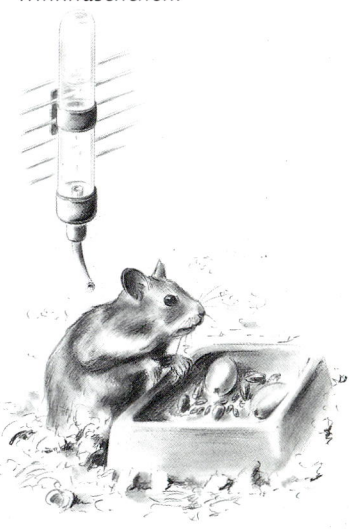

Futternapf und Trinkfläschchen.

Achtung, wenn Hamster in der Wohnung frei laufen! Ein Versteck im alten Pantoffel bedeutet für sie dann noch die geringste Gefahr.

über Bekannte, die Nagetiere selber züchten und denen jeder Abnehmer für ihren Nachwuchs willkommen ist. Wählen Sie die Tiere nach Möglichkeit selbst aus und lassen Sie sich die Hamster **nicht** mit der Post schicken.

Woran erkennt man gesunde Nagetiere?

Mit wenigen Blicken und mit Hilfe folgender Checkliste läßt sich erkennen, ob ein Hamster gesund ist:

- Das Fell sollte glänzen und keine kahlen Stellen haben. Gegen Haarausfall – durch Haarlinge, Milben oder Pilze verursacht – ist kaum etwas zu unternehmen! Kleine Narben am Schwanz oder an den Ohrrändern sind meistens Relikte von Kämpfen und Beißereien und hängen nur in den seltensten Fällen mit gefährlichen Krankheiten zusammen.
- Die Augen müssen klar glänzen und dürfen keine Krusten aufweisen.
- Der After und dessen Umgebung dürfen auf keinen Fall verschmutzt sein. Durchfall, durch Infektionen oder Würmer hervorgerufen, kann schnell tödlich sein.
- Die Nase darf nicht verkrustet sein und muß ohne Ausfluß sein.

14

Die Roborowski-Zwerghamster eignen sich nicht für den Freilauf: Sie sind viel zu klein und bewegen sich sehr rasch.

- Die Hamster sollten, nachdem sie geweckt worden sind, weder apathisch herumliegen noch beginnen, hektisch herumzulaufen. Diese Anzeichen können allerdings nicht nur bei kranken Tieren auftauchen, sondern auch in überfüllten und stickigen Händlerkäfigen. Kaufen Sie hier auch aus Mitleid kein Tier, denn derart gestreßte Hamster sind sehr krankheitsanfällig. Eine Ausnahme sind Roborowski-Zwerghamster, die bei Störungen immer beginnen, »nervös« herumzulaufen.

Tierkäufe aus Mitleid helfen eher dem Händler als den Tieren. Manche Zoohändler freuen sich über den Verkauf ihrer »Ladenhüter« und achten auch in Zukunft nicht besser auf ihre Tiere. Dadurch ändert sich die Situation der Tiere nicht. Ausnahmen können Nagetiere mit verheilten Narben oder Verstümmelungen am Schwanz oder an einzelnen Gliedmaßen sein, die zu einem herabgesetzten Preis oder sogar gratis erworben werden können. Solche Hamster erreichen oft trotz ihrer Behinderung ein hohes Alter.

Einen oder mehrere Hamster?

Als soziales Lebewesen kann sich der Mensch schwer vorstellen, daß sich ein allein lebendes Tier wohlfühlt. Für viele ist es unver-

Und noch einige Hinweise für die Auswahl: Wildfarbige Tiere gelten als am widerstandsfähigsten, langlebigsten und vitalsten. Schecken sind oft nervös, können aber bei guter Pflege ihre Schreckhaftigkeit verlieren. Russenhamster sind besonders zutraulich und wirken durch ihren Pelz behäbig.

15

*Hamster sind unterein-
ander nicht immer ver-
träglich. Hier die typi-
sche Drohgebärde.*

ständlich, daß es Tiere geben kann, die freiwillig Einzelgänger sind und bei Annäherung eines fremden Artgenossen (meistens) mit Abwehr reagieren.

Die Einzelhaltung von Hamstern ist keine Tierquälerei. Großer Streß und Quälerei ist es hingegen, Tiere, die sich nicht »ausstehen« können, zusammen zu halten.

Wildlebende Goldhamster sind **Einzelgänger**, nur manche Zwerghamster leben auch im Freiland paarweise. In den letzten Jahren sind durch geschickte Zuchtwahl friedliche, ihren Artgenossen gegenüber nicht aggressive Hamster gezüchtet worden. Dadurch ist es möglich, sogar mehrere Goldhamster unter bestimmten Voraussetzungen zusammen zu halten.

Wer sich zwei oder mehrere Hamster in einem Käfig wünscht, sollte Jungtiere aneinander gewöhnen oder Wurfgeschwister auswählen. Meiner Erfahrung nach sind Männchen eher untereinander verträglich. Da der anfängliche Friede unter Jungtieren nicht immer hält, sollte man für den »Notfall« gewappnet sein und eine Ausweichmöglichkeit für weggebissene Tiere freihalten.

Dsungarische- und Roborowski-Zwerghamster machen puncto Verträglichkeit weit weniger Schwierigkeiten als Streifen- oder Goldhamster. In den meisten Fällen sind Paare, aber auch gleichgeschlechtliche Tiere als Erwachsene gut verträglich.

Wie alt sollen die Tiere sein?

Da Hamster wie die meisten Nagetiere nur relativ kurz leben, empfehle ich die Anschaffung von Jungtieren. Im Alter von mindestens vier Wochen kann man sie ohne Nachteile von der Mutter entfernen. Doch entgegen der landläufigen Meinung werden auch erwachsene Hamster noch zahm. Eines der hübschesten wildfarbenen Goldhamstermännchen das ich je hatte, kaufte ich als erwachsenes Tier. Es war, obwohl in der Tierhandlung aufgewachsen, fast vom ersten Tag an völlig zahm und sehr friedlich seinen Artgenossen gegenüber. Dieser Hamster ist sicher kein Normalfall, zeigt aber, daß es auch bei diesen scheinbar völlig gleichartigen Tieren große individuelle Unterschiede gibt, denn viele Junge dieses Männchens waren aggressiv und unverträglich.

*Geschlechtsmerkmale
bei Gold- und Streifen-
hamster: oben Weib-
chen, unten Männ-
chen.*

Weibchen oder Männchen?

Die Frage nach dem Geschlecht ist nur dann wirklich entscheidend, wenn man mehrere Hamster hält und nicht oder unbedingt züchten will. Bei Gold- und Streifenhamstern sind meistens die Weibchen aggressiver, obwohl besonders bei diesen Arten in den letzten Jahren verstärkt mit friedlichen Tieren gezüchtet wird.

Unglaublich schnell wachsen die kleinen Hamster heran. Schon nach zwei bis drei Monaten erreichen sie das dreißigfache Geburtsgewicht.

Um die Frage nach dem Geschlecht beantworten zu können, nimmt man einige Tiere an der Nackenhaut hoch. Sie spreizen dann die Beine. Dabei läßt sich dann der geschlechtsspezifische Abstand zwischen After und Geschlechtsöffnung erkennen.

Da nicht alle Zoohändler und sogar manche Züchter nicht versiert »sexen« (Geschlecht bestimmen) können, hier eine kleine Hilfe für solche Fälle:

- Bei Gold- und Streifenhamstern haben die Männchen – schon bei Jungtieren ab vier Wochen deutlich sichtbar – Hoden, die paarig wulstig am Schwanzansatz zu sehen oder zumindest zu ertasten sind.
- Bei Weibchen ist der Abstand zwischen Genital- (Geschlechts-) und Anal- (After-) Öffnung deutlich geringer als bei Männchen.
- Bei Roborowski- und Dsungarischen Zwerghamstern ist die Geschlechtsbestimmung wesentlich schwieriger, da bei den Männchen meist keine Hoden sichtbar sind. Hier kann man nur nach dem Abstand der Öffnungen gehen. Bei Weibchen ist allerdings der Bereich dazwischen meist unbehaart. Geschlechtsreife Tiere kann man auch dadurch unterscheiden, daß beim Männchen die Drüse am Bauch weitaus aktiver ist und deshalb der Bauch stets feucht wirkt.

17

Für den problemlosen Transport eignet sich ein solcher mit Heu und Streu ausgepolsterter Kunststoffbehälter mit Gitterdeckel am besten.

So bringt man Nager gut nach Hause

Transportboxen aus durchsichtigem Kunststoff mit einem Gitterdeckel und ein bis zwei Haltegriffen sind sehr geeignet für den Transport kleiner Nagetiere. Wer gleich eine etwas größere Box nimmt, hat einen kleinen Reservekäfig zur Verfügung, der bei Käfigreinigungen, für Jungtiere oder für weggebissene Tiere zur vorübergehenden »Aufbewahrung« verwendet werden kann. Viel Streu, Zellstoff und/oder Heu verhindern, daß die Hamster herumrutschen und sich verletzen. Während eines kurzen Transportes ist es nicht notwendig, Futter beizugeben, da die Tiere durch den Streß beim Transport ohnehin nichts fressen würden.

Günstig ist es, die Box dunkel zu stellen, da sich Hamster dann geborgener fühlen. Natürlich sollte man den Behälter samt lebendem Inhalt vor Wetterunbilden wie Regen, Hitze, Kälte oder Wind schützen. Aus eigener Erfahrung weiß ich, daß die von den Tierhändlern angebotenen Papierschachteln den Nagezähnen nagewütiger Goldhamster nur sehr kurz (5–15 Minuten) standhalten. Nur Zwerghamster kann man ohne Probleme etwas länger in diesen Schachtel transportieren.

Die Zeit der Eingewöhnung

Der Streß durch neue Gerüche und beim Transport irritiert die meisten Nagetiere, so daß sie sich zunächst verstecken werden. Hamster sind aber meist neugierig und werden sehr bald beginnen, ihr neues Heim ausgiebig zu begutachten.

Lassen Sie aber Ihren neuen Pfleglingen **Zeit** und haben Sie viel **Geduld**! Gönnen Sie den Tieren ein paar Tage Ruhe! So verständlich auch die Freude, der Stolz und die Neugier am Anfang ist, so sollten doch nicht gleich alle Bekannten und Freunde den neuen »Star« besuchen. Hamster sind (großteils) nachtaktiv, alle Zähmungsbemühungen sollten in der Aktivitätszeit der Tiere stattfinden, also abends und nachts. Da Hamster einzelgängerisch leben, braucht es lange, bis sie freiwillig Kontakt zu Menschen aufnehmen. Ein Vertrautwerden erfolgt bei diesen Opportunisten am leichtesten über den Magen. Versuchen Sie mit **Leckerbissen** wie Nüssen, Sonnenblumenkernen oder Mehlwürmern den Hamster aus seinem Versteck hervorzulocken. Halten Sie Ihre Hand dabei ganz ruhig in den Käfig oder das Terrarium und legen Sie den

Durch Leckerbissen lassen sich die meisten Hamster schnell überzeugen, daß der Mensch keine Gefahr bedeutet.

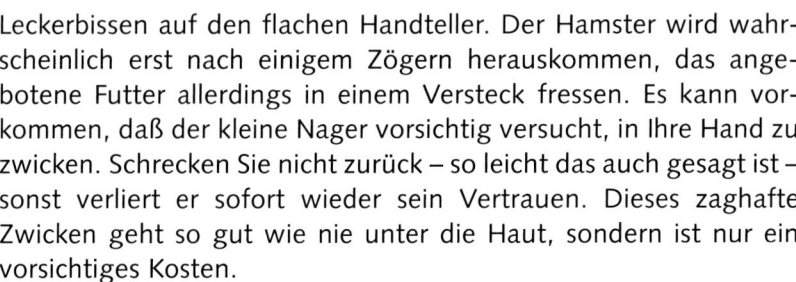

Leckerbissen auf den flachen Handteller. Der Hamster wird wahrscheinlich erst nach einigem Zögern herauskommen, das angebotene Futter allerdings in einem Versteck fressen. Es kann vorkommen, daß der kleine Nager vorsichtig versucht, in Ihre Hand zu zwicken. Schrecken Sie nicht zurück – so leicht das auch gesagt ist – sonst verliert er sofort wieder sein Vertrauen. Dieses zaghafte Zwicken geht so gut wie nie unter die Haut, sondern ist nur ein vorsichtiges Kosten.

Nach einiger Zeit wird der Hamster sich an die Hand als »Futterspender« gewöhnen und merken, daß von ihr keine Gefahr ausgeht. Sobald der Hamster vor Ihrer Hand zu fressen beginnt, können sie ganz vorsichtig versuchen, ihn zu greifen. Stellt er sich allerdings auf die Hinterbeine, rattert mit den Zähnen und faucht (Abwehrhaltung), so war der Annäherungsversuch zu früh und es besteht die Gefahr, daß Sie (schmerzhaft) gebissen werden.

Sobald der Hamster Berührungen akzeptiert, können Sie langsam die Gabe von Leckerbissen als »Lockmittel« einschränken. Wenn der Hamster keine Angst mehr zeigt, können sie erstmals versuchen, ihn hochzuheben. Die richtige »Handhabung« wird im nächsten Kapitel beschrieben.

Leider können immer wieder Probleme auftreten, wenn man versucht, das Vertrauen des Hamsters zu gewinnen. Da sich Hamster – wie viele andere Nagetiere auch – in erster Linie geruchlich (olfaktorisch) orientieren, spielt das optische Erkennen eine viel geringere Rolle als bei Primaten und Menschen. Aus diesem Grund kann es passieren, daß der Hamster sich gegen die vertraute Hand wehrt, sobald sie nach einem neuen Parfüm, einer anderen Seife oder nach anderem Futter riecht, vielleicht deshalb sogar beißt.

Man sollte unbedingt beachten, daß es auch unter Hamstern große individuelle Unterschiede geben kann. Bei ruhigen Tieren werden die Zähmungsbemühungen schneller auf »fruchtbaren Boden« fallen. Roborowski-Zwerghamster, die schon von Natur aus hektisch wirken, sind nur mit sehr viel Mühe und Geduld einigermaßen zu zähmen.

Beim Hochheben kommt es auf die richtige »Handhabung« an.

Hamster sind es gewohnt sich geruchlich zu orientieren und Gefahr zu »wittern«.

Der richtige Umgang mit dem Hamster

Einen zahmen Hamster, der es sich gefallen läßt, berührt zu werden, nimmt man mit einer Hand in der Körpermitte hoch und setzt ihn auf die andere Handfläche. Mit den beiden Händen bildet man dann eine Art »Höhle«, in der er sich geborgener fühlt. Nicht ganz zahme Hamster oder unruhige (Roborowski-) Zwerghamster kann man so jederzeit vorsichtig am Weglaufen hindern. Wie ich ein-

In der Höhlung der Hand fühlt sich der Hamster sicher und geborgen.

gangs schon erwähnt habe, haben vor allem Dsungarische-, Campbell- und Roborowski-Zwerghamster kein »Gefühl« für die Höhe, so daß sie gelegentlich einfach in die »Tiefe« stürzen. Auch bei »Freilauf« auf einem Tisch oder einer ähnlichen Plattform sollte man daher seine Pfleglinge immer sorgsam im Auge behalten.

Sehr oft wird empfohlen, den Hamster an seinem lockeren Nakkenfell hochzunehmen. Dieser Griff ist allerdings nur für sehr Geübte anzuraten, da man nur allzu leicht den Hamster verletzen oder selber gebissen werden kann.

Zahme Gold- und Streifenhamster, die – wie ich schon erwähnt habe – gerne und relativ gut klettern, kann man an sich selbst hochklettern lassen. Die Hamster werden vielleicht auch versuchen, unter Ihr Hemd oder die Bluse zu klettern. Wer nicht kitzlig ist, kann sie gewähren lassen. Viele Nagetiere lieben die Dunkelheit und die körperliche Wärme.

Freilauf im Wohnzimmer

Die vermeintliche »große Freiheit« im Zimmer birgt – bei etwas genauerer Betrachtung – mehr lebensbedrohende Gefahren als Vorteile für das Heimtier. Sicher kann so ein Ausflug sehr reizvoll sein und den Hamstern Abwechslung bieten. Die Möglichkeit zu verunglücken, ist für diese kleinen Nager jedoch sehr groß.

Abgesehen davon ist das Einfangen eines Hamsters, der einige Zeit im Zimmer herumgelaufen ist, nicht einfach. Auch zahme Hamster kommen dann nicht freiwillig auf die Hand!

Damit aus dem vermeintlichen Spaß nicht Streß für Hamster und Besitzer wird, sollte man vor allem Zwerghamstern keinen Auslauf im Zimmer gewähren. Ein großer abwechslungsreich eingerichteter Käfig garantiert meistens ein längeres Leben als täglich ein paar Stunden »Freiheit«.

Goldhamster kann man – wenn man glaubt, ihnen unbedingt Ausgang gewähren zu müssen – unter größter Vorsicht und bei sorgsamer Beaufsichtigung im Zimmer laufen lassen. Eine große Gefahr ist das meist unterschätzte Klettervermögen der Tiere. Eine Unzahl von Goldhamstern ist bei dem Versuch, von der Gardinenstange oder dem Schrank – den er problemlos in der »Kaminstemmtechnik« erklettert – wieder hinunterzukommen, abgestürzt. Hamster klettern gerne hinauf, stellen sich aber sehr ungeschickt an, wenn es darum geht, wieder in die Tiefe zu kommen. In den meisten Fällen lassen sie sich einfach fallen, wodurch es leicht zu einer (unter Umständen tödlichen) Wirbelsäulenverletzung kommen kann. Da Hamster gerne enge Spalten aufsuchen, kann es

Tagsüber sollte man dem Hamster unbedingt viel Ruhe gönnen und ihn stets zur gleichen Zeit am Abend wecken, falls er dann nicht schon von selbst wach ist. Der Goldhamster kann sich so an seinen Pfleger gewöhnen, daß er schon beim Erklingen seines Namens den Schlafplatz verläßt.

Was sich wohl hinter diesem Ziegelstein verbergen mag?

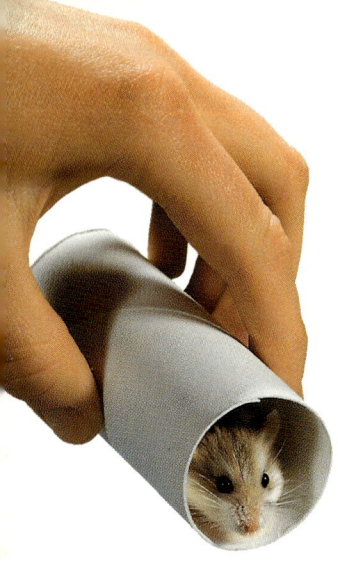

Die kleinen, flinken Zwerghamster lassen sich am besten in einer Papierrolle hochheben.

Alles wird erkundet!

leicht passieren, daß sie darin festklemmen. Viele Wandschränke haben – von der Seite nicht sichtbar – einen Spalt zur Wand hin. Der Hamster kann von oben (!) hineinfallen und ist dann nur dadurch zu retten, daß man den Schrank – soweit möglich – von der Wand abrückt. Einige weitere Punkte, die man beim Freilauf eines Hamsters unbedingt beachten sollte.

- Elektrokabel und vor allem Steckdosen müssen dem Hamster unerreichbar sein.
- Wassergefüllte Gefäße wie Vasen, Kübel und Aquarien sind sicher abzudecken.
- Entfernen Sie alle gefährlichen oder giftigen Zimmerpflanzen wie Weihnachtssterne, Kakteen, Dieffenbachien und Efeu.
- Achten Sie auf alle textile Materialien wie Teppiche, Stofftapeten oder Polster. Hamster verwenden nur zu gerne Stoffteilchen zum Auspolstern ihrer Nester.
- Vorsicht mit Katzen und Hunden! Nur sehr selten sind sie so friedlich und ist ihr Jagdtrieb unterdrückt, daß ein Zusammenleben mit Hamstern problemlos verläuft.
- Kontrollieren sie genau, wo Sie sich hinsetzen und wohin Sie treten, während Ihr Liebling in der Wohnung »Ausgang« hat. Hunderte Hamster sind von ihren eigenen Besitzern versehentlich zerquetscht worden.

*Genau wie die Fall-
röhre in einem unter-
irdischen Bau!*

Entwichene Tiere

Sollte ein Hamster unbemerkt den Käfig verlassen, so versuchen Sie
als erstes genau ausfindig zu machen, in welchem Zimmer sich Ihr
Pflegling aufhält. Dies läßt sich zum Beispiel an Nagespuren,
Scharr- oder Kratzgeräuschen feststellen. Ein Stückchen Apfel oder
abgezählte (!) Körner sind bei der Suchaktion nützlich: Verschwun-
dene oder angeknabberte Nahrung
zeigt Ihnen, in welchem Zimmer
der »Ausreißer« sich befindet.

*Ein Leckerbissen in
einer Pappröhre ...
so leicht läßt sich der
Ausreißer fangen!*

  Wenn der Hamster in der Nacht
entkommen ist, dann wird er tagsüber irgendwo eingerollt schlafen.
Suchen Sie alle Spalten und Ritzen
ab. Kontrollieren Sie alle Polster-
möbel, vor allem von unten.

  Sollte die Suche erfolglos bleiben, der Aufenthaltsraum des
Hamsters aber bekannt sein, dann
stellen Sie seinen Unterschlupf –
ohne Nestmaterial – in Wandnähe
auf. Einige Pappröhren können als
zusätzlicher Unterschlupf dienen.

Mit Glück finden Sie Ihren Hamster friedlich schlafend in einem der gebotenen Verstecke. Bleibt die Suche jedoch ergebnislos, dann stellen Sie einen hohen Kübel im Zimmer auf, der mit Futter, Leckerbissen und etwas Nestmaterial als Köder dient. An den Rand des Kübels stellen Sie ein Brett oder ähnliches als Leiter auf. Der Hamster wird das Futter riechen, zum Kübel hochklettern und hineinfallen.

Lassen Sie den geöffneten Käfig – in der Hoffnung, der Hamster kehrt freiwillig zurück – nicht unbeobachtet. Es kann vorkommen, daß er Futter und Nestmaterial aus seinem alten Heim in sein neues Versteck schleppt.

Für einen Hamster, der ins Freie gelangt ist, stehen die Chancen schlecht. Autos, Hunde, Katzen und Greifvögel lassen ihn nicht lange überleben.

Was man während des Urlaubs mit seinen Nagern macht

Die Zeit der Erholung für den Menschen ist meist mit Streß und Unannehmlichkeiten für das Heimtier verbunden. Die schlechteste Lösung für beide Seiten wäre, ihn an einem scheinbar günstigen Ort die Freiheit zu geben. Die verwöhnten Pfleglinge sind nicht mehr für ein Leben in »Freiheit« geeignet und wären sehr bald Opfer eines Beutegreifers. Jeder Tierfreund wird seine Tat schnell bereuen, abgesehen davon ist das Aussetzen von Tieren, die bei uns nicht heimisch sind, gesetzlich verboten.

Wenn Sie Ihren Hamster in den Urlaub mitnehmen wollen, vergewissern Sie sich auf jeden Fall, ob er im Urlaubsquartier willkommen ist. Während der Fahrt mit dem Auto setzen Sie ihn in einen gut gepolsterten Behälter. Nehmen Sie nach Möglichkeit den gewohnten Käfig mit! Vermeiden Sie Zugluft, Hitze/Kälte und starke Sonneneinstrahlung. Ihr Hamster sollte es in der Zeit Ihrer Erholung nicht schlechter als zu Hause haben.

Weitaus besser ist es, Ihre Tiere Verwandten, Bekannten oder einem Zoofachhändler zur Pflege zu überlassen. Die kleinen Hausgenossen sind schnell versorgt und machen daher einem »Urlaubstierpfleger« nicht viel Arbeit.

Wer nur zwei bis drei Tage verreist, kann seinen Hamster ohne Probleme allein lassen. Geben Sie genügend Körnerfutter und haltbares Saftfutter wie Karotten (Möhre). Zusätzlich können sie noch ein Trinkfläschchen als Wasserreserve anbringen.

Bei Urlaub im Ausland ist zuerst zu klären, ob der Hamster ohne tierärztliche Bescheinigung überhaupt die Grenze überschreiten darf. Auskunft dazu erteilen die Konsulate.

Rechts oben: Hier erweisen sich die Backentaschen tatsächlich als »Hamsterbacken«, in denen sich allerhand transportieren läßt. Rechts unten: Und so wird der gesammelte Vorrat wieder aus den Backen ausgestrichen.

Das geeignete Futter für Hamster

Die meisten Hamsterarten sind Bewohner von Wüsten und Steppen – Lebensräume, die nur sehr kurze Zeit ein größeres Futterangebot und den Rest des Jahres sehr wenig Nahrung bieten. Mit seinen großen Backentaschen, in denen er beachtliche Mengen Futter transportieren kann, paßt sich der Hamster dieser Situation an. In unterirdischen Speichern wird das kurzzeitig in großen Mengen vorhandene Futter für den Rest des Jahres gesammelt. Bei der Auswahl des Futters sollte man bedenken, wie unsere Hamster im Freiland leben. Ballaststoffreiche und eher fettarme Kost ist speziell für die wüstenbewohnenden Roborowski- und Dsungarischen Zwerghamster sehr vorteilhaft.

Um Mangelerscheinungen vorzubeugen, sollten wir versuchen, ein abwechslungsreiches Futter anzubieten. **Körnerfutter** dient zur Sicherstellung des Kohlenhydratbedarfs und auch als Ballaststoffangebot. **Obst und Gemüse** helfen zusätzlich, die Tiere mit Flüssigkeit und Vitaminen zu versorgen. **Tierisches Eiweiß** ist ein lebenswichtiger Aufbaustoff.

Essensreste vom Tisch des Menschen sind schädlich, da Hamster Salz, Gewürze und Fett nicht vertragen. Sehr Süßes ist zwar beliebt, aber – wie auch für den Menschen – nicht gesund. Tiere wissen – im Gegensatz zu einer weit verbreiteten Meinung – keineswegs immer, was gut für sie ist und nehmen auch für sie unbekömmliche Nahrung auf.

Körnerfutter

Die natürliche Nahrung besteht zu einem großen Teil aus Samen. Körner sind meist kohlenhydratreich und deshalb als »Grundnahrung« empfehlenswert.

Das im Zoofachhandel und auch in Supermärkten käufliche Hamsterfutter ist meiner Erfahrung nach nicht sonderlich beliebt. Viele Bestandteile werden verschmäht. Wer Zwerghamster hält, wird mit diesem Futter nichts anfangen können, da die meisten Bestandteile viel zu groß für die kleinen Hamster sind.

Viel billiger und besser ist es, die Körner selbst zu mischen.

Für **Goldhamster** kann man Meerschweinchenfutter, vermischt mit etwa 20% Wellensittichfutter und etwa 10% Kanarifutter, verwenden und Hundeflocken mit Fleisch- und Gemüsezusatz als zusätzliche Eiweiß- und Vitaminquelle beimischen.

Für **Zwerghamster** sollte der Anteil der feinen Körner in jedem Fall wesentlich höher sein:

- Dsungaren und Roborowskis erhalten etwa 40% Wellensittichfutter, 40% Kanarifutter, 10% Hundeflocken und 10% Meerschweinchenfutter
- Streifenhamster: 30% Wellensittichfutter, 30% Kanarifutter, 30% Meerschweinchenfutter und 10% Hundeflocken.

Achten Sie darauf, daß das Meerschweinchenfutter nicht zu viele fetthaltige Bestandteile enthält. Erdnüsse und Sonnenblumenkerne sind zwar sehr beliebt, aber nicht gut für die »Linie« und den auf fettarme Nahrung spezialisierten Darm.

Das Körnerfutter kann man durch gut getrocknetes, nicht schimmeliges Brot, Knäckebrot und Haferflocken ergänzen. Manchmal werden für die Zucht »Preßlinge« oder Pellets angeboten. Diese enthalten zwar alles Lebensnotwendige außer Wasser, sind jedoch eintönig und höchstens als vitaminisierte Zusatzkost geeignet.

Ein abwechslungsreiches Futter und Knabberstangen zum Abwetzen der Nagezähne gehören zu den Voraussetzungen für ein gesundes Leben.

Und auch das gehört zum Speiseplan der Hamster: Salatgurken, die genügend Feuchtigkeit als Ersatz für Trinkwasser bieten, und vor allem Salat, Obst und Nüsse.

Die im Zoofachhandel vertriebenen Knabberstangen mit verschiedenen Geschmacksrichtungen sind zwar ein gutes Futter und dienen gleichzeitig der Beschäftigung der Hamster, sind aber im Verhältnis sehr teuer.

Grün- und Saftfutter

Um den Flüssigkeitsbedarf zu decken, muß man Hamstern, die nicht zusätzlich mit Wasser versorgt werden, Saftfutter anbieten. Für eine optimale Vitaminversorgung ist eine große Palette verschiedener Obst- und Gemüsesorten – am besten aus dem eigenen Garten in geeigneter Qualität! – verwendbar.

Empfehlenswerte Gemüsesorten und Salat

Karotten (Möhren), Sellerie, Rote Rüben (Rote Bete), Gurken, Mais, Kartoffel (ohne giftige Keime!) und Zucchini. In geringen Mengen kann man auch Endivien-, Eisberg und Feldsalat geben. Nur bedingt kann ich Kopfsalat empfehlen, der leider oft stärker als andere Salatsorten mit Pestiziden belastet ist. Absehen sollte man von blähendem Gemüse wie Zwiebel, Kohl und Lauch.

Waschen Sie alles Gemüse und den Salat zunächst mit lauwarmem Wasser ab und verfüttern es dann gut abgetrocknet.

Wichtig ist vor allem ein ausreichender Vitamingehalt des Futters. Notwendige Vitamine sind zum Beispiel im Löwenzahn oder in Weizenkeimen enthalten.

Obst

Gut geeignet sind Äpfel, harte Birnen, Bananen und in sehr geringen Mengen verschiedene Beeren wie Himbeeren, Erdbeeren oder Weintrauben.

Nicht verfüttern sollte man sehr säurehaltiges Obst wie alle Zitrusfrüchte und Kiwis, da diese Früchte von vielen Kleinnagern nur schlecht vertragen werden.

Tierisches Eiweiß

Sehr wichtig ist eine zusätzliche Eiweißversorgung, denn unsere Hamster sind keine reinen Pflanzenfresser.

Bei Freilanduntersuchungen an Roborowski-Zwerghamstern hat man festgestellt, daß diese Nager zu gewissen Zeiten 60–80% tierische Nahrung zu sich nehmen. Dieser hohe Eiweißanteil ist in Gefangenschaft nicht notwendig, beweist aber, daß viele vermeintliche Vegetarier auch »Fleisch« fressen.

Hundekuchen, Kauknochen und Rindsknochen dienen als Proteinquelle und Nagemöglichkeit. Eine kleine Menge Sauerrahm, Topfen (Quark), Joghurt oder milder Hartkäse ist sehr beliebt und auch empfehlenswert. Mehlkäferlarven (»Mehlwürmer«) und verschiedene Insekten, die als Futtertiere für Terrarientiere angeboten

*Unwiderstehlich!
Man sieht, wie es dem
kleinen Kerl genüßlich
schmeckt.*

werden, sind gleichzeitig heiß begehrte Leckerbissen und ausgezeichnete Eiweißlieferanten. Trächtigen und säugenden Weibchen kann man zusätzlich auch etwas mageres Rinderhackfleisch und gekochtes Eigelb geben. Sie sollten aber darauf achten, daß Futterinsekten und leicht Verderbliches sofort aufgefressen werden.

Zusatzkost

Vor allem Zwerghamster fressen ab und zu gerne gutes Heu. Eine ideale Beschäftigungsmöglichkeit und Zusatzkost ist die für Vögel angebotene »Kolbenhirse«.

Zum Abwetzen der Nagezähne und auch zum Fressen empfehle ich, immer wieder Zweige von Buchen, Birken, Haselnußsträuchern und Obstbäumen zu geben. Es ist erstaunlich, wie begehrt derartige »Knabberstangen« sind. Selbstverständlich sollten solche Zweige fernab von Autoabgasen, Spritzmitteln und rußiger Luft gewachsen sein, dann läßt sich auch das Laub verwenden.

Vitamine und Minerale im Futter

Bei abwechslungsreicher Kost erübrigen sich Vitaminpräparate, trotzdem würde ich raten, ein Vitamin-Kalk-Mineralgemisch (Vitakalk, Pecutrin) alle zwei bis drei Tage in der empfohlenen Dosis über das Futter zu streuen.

Achtung beim Verfüttern von Kartoffeln: die Keime sind unbedingt zu entfernen, da sie ein für Hamster gefährliches Gift enthalten!

Vitaminmischungen, wie sie in der Humanmedizin gebraucht werden, sind in den meisten Fällen zu stark konzentriert und eine Überdosis kann oft schädlichere Folgen als eine Unterversorgung haben. Viele Vitamine werden außerdem von den Nagern gar nicht benötigt.

Wieviel Futter braucht der Hamster

Genaue Angaben über die »ideale« Futtermenge zu machen, ist beinahe unmöglich, da der Nahrungsbedarf vom Alter, der Größe, individuellen Eigenheiten der Tiere und der Umgebungstemperatur abhängt. Ein richtig zusammengestelltes Futter mit wenig fetthaltigen Bestandteilen läßt einen Hamster kaum dick werden.

Eine vernünftige, auch von mir praktizierte Methode ist, soviel Futter (Körner und Saftfutter) zu geben, daß am nächsten Tag noch ein ganz kleiner Rest übrig ist. Achten sie aber auf jeden Fall darauf, ob die Hamster nicht einen Teil der Nahrung verscharren oder ein Vorratslager angelegt haben. Nach einiger Zeit werden sie merken, wieviel Ihr Hamster wirklich braucht.

Wie bei allen Lebewesen gibt es individuelle Vorlieben – manch ein Hamster frißt genau das mit Begeisterung, was ein anderer grundsätzlich verschmäht.

Vor solchen größeren, offenen Wasserschüsseln ist zu warnen: allzuleicht werden sie umgestoßen oder zugebuddelt. Dann wird die Einstreu naß!

Trinkwasser

Da in den Steppen und Wüsten Asiens, der Heimat unserer Hamster, nur äußerst selten die Möglichkeit besteht, Wasser zu trinken, müssen die Tiere ihren Flüssigkeitsbedarf aus Grünfutter beziehen. Trotzdem behaupten viele »Tierfreunde«, es sei Quälerei, wenn man seinen Pfleglingen kein Wasser anbietet. Sie denken aus der Sicht des Menschen, der ohne Trinkwasser nicht überleben kann.

Aus eigener Erfahrung weiß ich, daß sogar trächtige und säugende Hamster auch ohne Trinkwasser ihre Jungen problemlos aufziehen können. Auch in dieser Zeit kann der erhöhte Flüssigkeitsbedarf allein durch die (ausreichende) Gabe von Saftfutter (Obst und Gemüse) gedeckt werden.

Der Bedarf der Hamster an Trinkwasser ist schwer zu beurteilen. Dennoch sollte vor allem in der warmen Jahreszeit immer frisches Wasser angeboten werden.

Wer zu seiner eigenen Beruhigung nicht auf die zusätzlich angebrachte Wasserflasche verzichten will, dem rate ich, nur abgekochtes oder gefiltertes Wasser – wie für den menschlichen Genuß auch – zu verwenden, da in vielen Teilen Deutschlands das Trinkwasser aus der Wasserleitung viel Chlor und Schwermetalle enthält.

Regelmäßige Pflegearbeit

- Zu den Pflegearbeiten, die täglich notwendig sind, gehört in erster Linie das **Füttern** mit Körner- und Saftfutter. Kontrollieren sie die Ecken und Unterschlüpfe des Käfigs, da Hamster dort gerne überschüssiges Futter verstecken.

- Falls sich **Körnerfutter** ansammelt, sollten Sie es **überprüfen**, da manche Hamster, wie einige andere Nagerarten auch, die Gewohnheit haben, ihre Vorräte mit Urin zu markieren. Feuchte Sämereien fangen leicht an zu schimmeln. Füttern Sie daher nicht viel mehr, als täglich gebraucht wird.
- **Verdorbenes** und in die Einstreu gefallenes Saft- und Grünfutter sollten Sie stets **entfernen**.
- Die **Futterschüsseln** und Trinkflaschen täglich **reinigen**.
- Die **feuchte Einstreu** in den Urinecken etwa alle zwei Tage großflächig **entfernen**. (Hamster haben auch im Freiland in ihren Bauen eigene »Klos«.)
- Etwa **einmal pro Woche** ist eine **Gesamtreinigung** des Käfigs vorzunehmen – das heißt, die Einstreu wird komplett entfernt, das Nestmaterial bei Bedarf erneuert, der Käfig oder das Terrarium (Glasbecken) mit heißem Wasser und eventuell etwas Essigreiniger ausgewaschen.

Zur Abwechslung eine kleine Rauferei, die aber nicht immer ernst genommen wird.

Die Häufigkeit der »Generalreinigung« ist auch von der Käfiggröße, der Anzahl der Tiere, Fütterungsart und Tierart abhängig. Wenn die feuchte Einstreu regelmäßig aus den Urinecken entfernt wird, braucht ein größerer Behälter nicht so oft ganz ausgeräumt zu werden. Viele Hamster in einem Käfig und die übermäßige Verfütterung von Obst und Gemüse erfordern eine häufigere Reinigung.

Die Behälter von Zwerghamstern, die bei richtiger Fütterung nur sehr trockenen Kot abgeben, braucht man zur Reinigung ebenfalls nicht jede Woche auszuräumen.

Verwenden Sie bitte keine stark riechenden oder ätzenden Reinigungsmittel oder gar »Entduftungssprays«, da diese dem Hamster gefährlich werden können.

Nage- und Beschäftigungsmöglichkeiten sollten regelmäßig angeboten und erneuert werden. Oft werden Dinge, die längere Zeit im gewohnten Heim herumliegen, für den Hamster uninteressant.

Brauchen Hamster Spielzeug?

Da fast nur junge Tiere wirklich im menschlichen Sinne spielen, ist es sinnvoller, »Beschäftigung« statt Spielzeug zu sagen. Unsere Hamster müssen in Gefangenschaft ihre Nahrung nicht suchen und erarbeiten, daher haben sie mehr Zeit für die »Erforschung« ihrer Umwelt. Innerhalb des Käfigs gibt es eine Reihe von Möglichkeiten, um den Hamstern Kurzweil zu bieten.

Soziale Kontakte zusammenlebender Hamster untereinander sind eine sinnvolle Beschäftigung, auch wenn sie vielleicht nicht wirklich

Besonders beliebt zum Spielen sind kleine Aststücke von Obstbäumen und Haselsträuchern; sie müssen aber ungespritzt sein.

»artgerecht« sein mögen, da die meisten Hamster ja Einzelgänger sind. Auf alle Fälle bieten sie aber einen guten Ersatz für die sonst notwendige »Nahrungsbeschaffung«, die im Käfig ja entfällt.

Auch die Kartonverpackungen und Zweige kommen dem Nagetrieb entgegen und bieten Betätigung. Gute Verstecke, die aber auch mühelos mit den Nagezähnen zerkleinert werden können, sind Pappröhren von Toilettenpapier- und Küchenrollen.

Zur Abwechslung können Sie auch immer wieder einige Leckerbissen oder einen Teil der Futterration in einer geschlossenen (!) Papierschachtel, unter einem Heuhäufchen oder in einem Knäuel Papier verstecken. Die Hamster müssen sich auf diese Weise ihr Futter »erarbeiten«. Auch Fütterungen abends und morgens (einmal Saftfutter, dann Körner) regen die Aktivität an.

Stopfen Sie Ihrem Hamster das Nistmaterial nicht in seinen Unterschlupf, sondern überlassen sie ihm das selbst.

Die im Zoofachhandel angebotenen Schaukeln, Wippen, Leitern und Karusselle verstellen den lauffreudigen Tieren, meiner Meinung nach, zuviel Platz. Sehr beliebt sind Laufräder, die für Goldhamster immer interessant bleiben und daher nicht wie andere Beschäftigungsmöglichkeiten öfter ausgetauscht werden müssen. Eine große Kiste, gefüllt mit Sand, kann das Grabbedürfnis ausreichend stillen. Sie können zusätzlich einige Körner oberflächlich vergraben, durch die der Hamster Anreiz bekommt, zu wühlen.

Wenn es Nachwuchs geben soll

Es kann sehr viel Freude machen, junge Hamster in der Obhut ihrer Mutter heranwachsen zu sehen. Der Wunsch, dies miterleben zu können, ist für viele Hamsterhalter der Hauptgrund, diese Nager züchten zu wollen.

Bevor man allerdings daran geht, ein Pärchen zur Paarung zusammenzusetzen, sollte man einige Punkte genau bedenken:

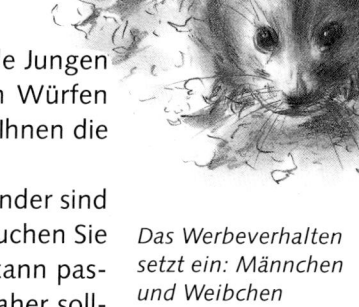

- Züchten sie bitte nur dann, wenn Sie sicher sind, für alle Jungen auch ausreichenden Platz zu haben. Bei regelmäßigen Würfen sollten Sie die **feste Zusage eines Tierhändlers** haben, Ihnen die Hamster abzunehmen.
- Da nicht alle Gold- und Streifenhamster friedlich zueinander sind und ein längeres Zusammenleben nicht möglich ist, brauchen Sie **Platz** genug, um einen zweiten Käfig aufzustellen. Es kann passieren, daß Sie die Jungen nicht sofort unterbringen, daher sollten sie einen dritten Ersatzkäfig zur kurzzeitigen Aufbewahrung haben. Dsungarische und Roborowski-Zwerghamster sind in der Regel viel verträglicher. Das Männchen kann sogar während der Jungenaufzucht beim Weibchen bleiben.

Das Werbeverhalten setzt ein: Männchen und Weibchen beschnuppern sich gegenseitig.

- Auch zahme Hamsterweibchen sollten während der Trächtigkeit und der Jungenaufzucht nicht gestört werden und in ihrer gewohnten Umgebung bleiben. Während der ersten ein bis zwei Wochen nach der Geburt sollte eine Reinigung des Käfigs weitgehend unterbleiben. Dadurch wird man auch die ansonsten geruchsarmen Hamster deutlicher riechen. Das erfordert einige **Rücksichtnahme** und **Toleranz**. Zwerghamster sind zwar genauso störungsanfällig, aber weniger geruchsintensiv.

Hamster beim Paarungsspiel.

- Besonders während der Trächtigkeit und in der Säugezeit haben Hamster einen stark erhöhten Eiweißbedarf. Sichern Sie die **ausreichende Proteinversorgung**.

Was bei der Paarung zu beachten ist

Unverträgliche Hamster werden nur zum Zweck der Paarung zusammengebracht. Nicht brünstige Weibchen sind (in der Regel) allen Artgenossen gegenüber aggressiv und abwehrbereit.

Paarungsaufforderung des Weibchens.

Die hormonell geregelte Paarungsbereitschaft (Östrus) – die Brünstigkeit des Weibchens – tritt etwa alle vier bis sieben Tage ein. Viele Goldhamsterweibchen zeigen in dieser Zeit ein verändertes Verhalten. Sie sind weniger abwehrbereit und bei Berührung am Hinterteil oder Rücken stellen sie ihren Schwanz senkrecht empor – sie bieten sich dem Männchen zur Paarung an.

Wenn Sie die Hamster dazu bringen wollen, sich zu paaren, dann setzen Sie das Weibchen zum Männchen in den Käfig. In seinem eigenen Käfig fühlt sich das Männchen selbstsicherer, und es kann sich eher gegen das Weibchen behaupten. Sollte es zu Beißereien kommen, dann trennen Sie die zwei Tiere sofort wieder, weil das Männchen sonst tödlich verletzt werden kann. Versuchen sie täglich, die Hamster zusammenzusetzen.

Sobald das vorher abwehrbereite Weibchen zwar wegläuft, aber das Männchen nicht mehr beißt, setzt das Werbeverhalten ein. Das Männchen treibt das Weibchen vor sich her. Zwischendurch beschnuppern die beiden einander an den Genitalien.

Nach einiger Zeit wiederholten Treibens bietet sich das Weibchen mit durchgebogenem Rücken und hochgestelltem Schwanz dem Männchen zur Paarung an. Diese dauert meist nur wenige Sekunden. Danach säubern beide ihre Genitalien. In der Regel kommt es zu wiederholten Paarungen. Im Lauf der Zeit nimmt die Aggressivität des Weibchens wieder zu und sie wehrt den Partner ab.

Hamster bei der Paarung.

Einige Goldhamsterfarbvarianten und die meisten Zwerghamster sind sehr friedlich und die Weibchen werden das Männchen sogar während der Jungenaufzucht akzeptieren. Beobachten Sie aber auf alle Fälle Ihre Hamster genau und trennen Sie die beiden wieder, sobald es ernsthaftere Streitereien gibt.

Dsungarische-, Campbell- und Streifenhamster kann man meistens paarweise oder sogar in kleinen Gruppen halten. (Selbstverständlich sollte der Behälter für eine kleine Zwerghamsterkolonie größer sein als der Käfig für ein Einzeltier.)

Roborowski-Zwerghamster hält man zur Zucht am günstigsten nur paarweise.

Tragzeit und Geburt

Goldhamster haben, neben den Beuteltieren, die kürzeste Tragzeit unter den Säugetieren. Wenige Tage vor der Geburt beginnen die Weibchen verstärkt Nistmaterial zu sammeln und den Unterschlupf auszupolstern. Bieten Sie der werdenden Mutter genügend Nestmaterial. Sollte das Männchen nicht weggebissen worden sein, dann

Ein Blick in die Kinderstube: Die meisten Hamstermütter widmen sich fast den ganzen Tag ihren Jungen. Der Mittelpunkt im Leben der ein bis fünfzehn Tage alten Hamster bildet die mütterliche »Milchbar«. Manchmal werden die Jungen von ihren Müttern ziemlich unsanft transportiert.

bieten Sie ihm spätestens dann eine zweite Unterschlupfmöglichkeit, denn auch friedliche Arten dulden das Männchen dann nicht mehr in Nestnähe. Aufgrund der kurzen Tragzeit sind die Jungen bei der Geburt sehr klein. Sie werden deshalb meistens problemlos nacheinander geboren und nach dem Sauberlecken sofort gesäugt.

Vor allem junge, unerfahrene oder scheue Hamster können bei einer Störung ihre Jungen auffressen. Dieses Verhalten ruft bei vielen Menschen Abscheu hervor, hat jedoch eine durchaus natürliche Ursache. In einer Umwelt, die zu unsicher für Nachkommen ist, hat es mehr Sinn, die verwendeten Nährstoffe (= Junge) wieder selbst aufzunehmen.

Den Grundstock der Goldhamster, die es heute in aller Welt gibt, bildeten ein Weibchen mit 12 Jungen, die 1930 in Syrien gefunden wurden. Aus diesen wenigen Tieren sind in den vergangenen fünf Jahrzehnten verschiedene Zuchtrassen und Farbschläge entstanden.

Farbvarianten des Goldhamsters: Links oben Albino; Rechts oben Goldhamster mit rötlichbraunem Haarkleid; Mitte links Schwarzweißer Goldhamster, »Pandahamster« genannt; Mitte rechts Cremefarbener Goldhamster; Links unten Schwarzer Goldhamster; Rechts unten Schecken-Goldhamster mit langen Haaren am Rücken.

Wie sich die Jungtiere entwickeln

Neugeborene Hamster sind nackt, blind und taub – typische Nesthocker. Die mütterlichen Milchquellen sind der wichtigste Bezugspunkt, nach dem sich die Jungen in den ersten Tagen ausrichten. Etwa fünf Tage nach der Geburt ist der erste Haarflaum zu erkennen. Im gleichen Alter beginnen die Kleinen schon am Futter zu knabbern, das die Mutter bringt. Wenige Tage vor dem Öffnen der Augen verlassen die kleinen Hamster erstmals für kurze »Erkundungen« das Nest. Mit etwa 11–14 Tagen (abhängig von der Wurfgröße) beginnen sie auch optisch die Welt zu erkennen. Noch immer werden Junge außerhalb des Nestbereichs mit großem Eifer von der Mutter wieder zurückgetragen.

Etwa drei Wochen lang – bei kleinen Würfen etwas kürzer – werden die Jungen gesäugt. Ab dem Alter von 25 Tagen sind sie völlig unabhängig von ihrer Mutter und sollten dann von ihr getrennt werden, da manche Hamster ihren eigenen Jungen gegenüber aggressiv werden können. Viele Zwerghamster akzeptieren ihre Jungen sehr lange, meistens Zeit ihres Lebens.

Schon ein bis zwei Wochen nach dem Ende der Säugezeit sind die jungen Hamster geschlechtsreif und sollten deshalb nach Geschlechtern getrennt gehalten werden, da eine sehr frühe Trächtigkeit des Wachstum negativ beeinflussen kann. Erst nach etwa 4–6 Monaten haben Goldhamster ihre »Endgröße« erreicht.

Die Farben der Hamster

Mehrere hundert Generationen sind seit der »Entdeckung« der ersten lebenden Goldhamster gezüchtet worden. Durch den sehr hohen Verwandtschaftsgrad der in Gefangenschaft lebenden Hamster (sie stammen alle von drei oder vier Geschwistern ab) konnten Erbgutveränderungen sehr viel schneller als bei anderen Tieren zutage kommen. Dadurch gibt es viele verschiedene Farb- und Haarvarianten. Sehr reizvoll kann die gezielte Zucht von Farbvarietäten sein. Aufgrund der schnellen Generationenfolge lassen sich in kurzer Zeit Ergebnisse erzielen.

Bei Goldhamstern gibt es drei verschiedene Fellstrukturen:
- Normal kurzhaarige Tiere
- Langhaar- oder Angorahamster mit einem sehr pflegebedürftigen, kuschelig weichen Fell, im Zoofachhandel auch häufig **Teddy**-Hamster genannt.
- Satinhamster mit einem seidig glänzenden Haar

Auch eine Kombination zweier Faktoren ist möglich, so gibt es Langhaar-Satin-Goldhamster.

Ein aufmerksamer, gespannter Blick.

Wie bei einigen anderen Tierarten auch, scheint es eine Beziehung zwischen bestimmten Farben und Verhalten zu geben. Die Hamster mit den Farben Schwarz und solche mit Scheckung gelten als aggressiver als andere Tiere.

Es gibt wildfarbene, **weiße** (mit roten Augen), **schwarze**, die besonders friedlichen **cremefarbenen** und **Siam**-Hamster. Diese letztgenannte Farbe wird auch Russenfärbung genannt, weil die Hamster weiß (mit schwarzen Augen) mit (scheinbar) angerußten Ohren, Schnauze und Füßen sind. Einige Farben, wie **Silber** und **Dunkelgrau**, werden nur selten angeboten.

Wildfarben ist, nach meinem Geschmack, von keiner anderen Färbung übertroffen. Der goldfarbene Rücken (Name!), die weiße Unterseite und die dunklen Wangenstreifen lassen diese **Gold**hamster sehr bunt erscheinen. Leider verschwindet diese scheinbar »gewöhnliche« Färbung immer mehr und viele angebotene Hamster sind weniger kontrastreich gezeichnet.

Scheckungen gibt es bei fast allen erwähnten Farben. Meistens sind diese weißen Flecken mehr oder weniger unregelmäßig, doch ist es durch geschickte Zuchtwahl gelungen, symmetrische Scheckungen zu erzielen. Oft werden sogenannte »**Pandahamster**« angeboten – schwarze Hamster mit weißen symmetrischen sattelartigen Flecken, ähnlich denen eines Pandabären.

Da Zwerghamster noch nicht sehr lange in Gefangenschaft gepflegt und nur in geringerer Zahl gehalten und gezüchtet werden, gibt es bisher nur wenige von der Naturform abweichende Farben. Es gibt gescheckte Streifenhamster und weiße und gescheckte Campbell-Zwerghamster.

In der Winterzeit kühl gehaltene Dsungarische Zwerghamster können eine Art Winterfell ausbilden. Es ist sehr dicht und bis auf den dunklen Aalstrich fast schneeweiß.

Wenn Tiere das Futter verweigern, sich mit einem Mal ungewohnt und lustlos verhalten oder gar abmagern, können dies erste Anzeichen einer Erkrankung sein, auf die genau zu achten ist.

Das kranke Nagetier

In den seltensten Fällen erkrankt ein richtig gepflegter Hamster. Viele Leiden werden durch schlechtes oder falsches Futter und durch Streß hervorgerufen beziehungsweise gefördert. Sie sollten daher alle größeren Überbelastungen wie einen falschen Käfigstandort, häufiges Wecken, längere Reisen oder falsche Käfiggenossen tunlichst vermeiden.

Leider gibt es auch bei bester Pflege Rückschläge, da Goldhamster mit bestimmten Farben, erblich bedingt, krankheitsanfälliger sind. Diese Erbkrankheiten sind an den Scheckungsfaktor gebunden und an erhöhter Nervosität zu erkennen.

Zwerghamster sind – bei richtiger Haltung (!) – wenig anfällig gegenüber Krankheiten.

Grundsätzlich ist es immer ratsamer, einen Tierarzt oder Fachmann zu konsultieren, da die Gefahr einer Fehldiagnose oder Schädigung durch Humanmedikamente sehr groß ist. Viele Tierhalter scheuen aufgrund der Kosten den Gang zum Tierarzt. Sicher können die Behandlungskosten den Anschaffungspreis übersteigen – die Monatsration Körnerfutter tut dies auch. Wer käme deshalb auf die Idee, seine Tiere hungern zu lassen?

Tips zum Erkennen der häufigsten Krankheiten
Durchfall kann vielfältige Ursachen haben. Meist kommt eine Infektion mit Bakterien, Viren oder Einzellern erst dann zum Ausbruch, wenn das Tier zusätzlich durch negative Umweltbedingungen wie zum Beispiel schlechtes oder falsches Futter, unsaubere Einstreu und Parasiten geschwächt ist. Bei Auftreten von ungeformtem und schmierigem Kot, aber normalem Verhalten der Hamster, streichen Sie bitte sofort das Grün- und Saftfutter. Geben Sie den Tieren schwachen schwarzen Tee oder Kamillentee (ungezuckert!), Knäckebrot und Haferflocken. Tritt trotz »Behandlung« in den nächsten 2–3 Tagen keine Besserung ein, so deutet dies auf eine schwere Infektion, die dann nur von einem spezialisierten Tierarzt behandelt werden sollte.

Deutlich hörbare Atemgeräusche, oftmaliges Niesen und leicht verklebte Augen sind Anzeichen für **Erkältungskrankheiten**. Mögliche Gründe sind Feuchtigkeit im Käfig, Zugluft und plötzliche Temperaturschwankungen. Beseitigen Sie die Ursachen und stellen Sie den Käfig an einen etwa 23–25 °C warmen Standort. Sollte nach einigen Tagen keine Besserung eintreten, dann suchen Sie bitte eine Tierklinik oder einen versierten Tierarzt auf.

Kleine **Bißwunden** und **Verletzungen** verheilen meist sehr rasch und ohne Probleme. Die Tiere fördern den Heilprozeß durch regelmäßiges Belecken. Desinfektion oder Behandlung der Wunde durch Menschen bringt bei Nagetieren nur sehr selten eine Besserung.

Bei mangelnder Aufsicht oder bei Unachtsamkeit kann es passieren, daß ein Hamster aus größerer Höhe auf den Boden fällt. Leider landen Hamster nicht, wie die meisten Nagetiere mit einem längeren Schwanz, immer auf den Füßen. Auch wenn sie sich keine tödlichen Verletzungen zugezogen haben, kann es passieren, daß sie wie tot liegen bleiben – sie haben durch den Fall einen **Schock** erlitten. Legen Sie das Tier in seinen gewohnten Käfig zurück und halten Sie diesen warm. Beobachten Sie den Hamster genau. Wenn er sich nicht zusätzlich **innere Verletzungen** zugezogen hat, wird er

Das Ergebnis einer kleinen Beißerei.
Solche Wunden heilen rasch und von selbst.

Einmal ganz aus der Nähe: die vier Finger der Vorderpfötchen mit dem Daumenrudiment.

Oben: Vorderpfötchen. Unten: Hinterpfötchen mit den fünf Zehen.

bald wieder wie vorher herumlaufen. Abnorme Bewegungen können jedoch auf innere Verletzungen oder **Knochenbrüche** hinweisen. Leider kann auch ein Tierarzt nur selten helfen. Vertrauen Sie entweder auf die Selbstheilkraft, die Sie durch Mineral- und Vitamingaben unterstützen können, oder suchen Sie eine Tierklinik auf.

Deutlich ertast- oder sichtbar können sich an verschiedensten Körperregionen Schwellungen, **Geschwülste** bilden. Sollten diese sehr schnell größer werden, kann ein Eiterabszeß vorliegen, der meist nach einiger Zeit von selbst aufplatzt. Abszesse werden meist durch kleine Verletzungen an Stellen, an denen sich die Hamster nicht belecken können, hervorgerufen. Eine Behandlung ist durch wiederholtes Abtupfen und Spülen mit Käspappel (Malvenart)- und Kamillentee möglich.

Ein langsames Größerwerden von Geschwülsten deutet, vor allem bei alten Nagetieren, auf bösartige Tumore, auf **Krebs**. Lassen sie einen Tierarzt entscheiden, ob eine Operation sinnvoll ist. Ersparen Sie den Hamstern langes Leiden und lassen Sie sie, vor allem wenn sie teilnahmslos werden, einschläfern.

Zahnprobleme treten vor allem bei zu geringer Abnutzung der immer nachwachsenden Nagezähne auf. Eine mögliche Ursache dafür ist ein Mangel an harter Nahrung oder eine Kieferdeformation. Leider ist diese nicht heilbar und die Zähne müssen entweder immer wieder (vom Tierarzt) geschnitten werden, oder der Hamster muß eingeschläfert werden, da zu lange Zähne eine Nahrungsaufnahme sehr erschweren oder gar verhindern.

Ab und zu können die Nagezähne abbrechen. Bei reichlicher Gabe von Mineralstoffmischungen wachsen diese schnell wieder nach.

Obwohl viele Nagetiere als (bedeutende) Krankheitsüberträger und Parasitenwirte bekannt sind, haben in Menschenhand gezüchtete Nager erstaunlich wenig Probleme damit. **Milben** sind nur durch Hautgeschabsel nachzuweisen. Sie können **Haarausfall** und stark juckende Stellen verursachen, wobei die Haut der Hamster krustig und schuppig wirkt. **Hautpilze** haben ähnliche Symptome, sind daher nur vom Veterinär mit Sicherheit zu bestimmen.

Eine Krankheit, die nur Hamster bis zum Alter von drei Monaten befällt, aber vielen sehr bekannt ist, heißt **LCM** oder **Gehirnhautentzündung**. Die Erkrankungssymptome sind wenig auffällig, die Krankheit ist aber auch auf Menschen übertragbar. Sie ist normalerweise ungefährlich, kann aber ungeborene Kinder im Mutterleib schädigen. Schwangere Frauen sollten deshalb den Kontakt zu jünger als drei Monate alten Hamstern vermeiden.

Eine ausgewogene Nahrung mit pflanzlichen und tierischen Bestandteilen verhindert (in der Regel) **Mangelerscheinungen**, die sich in sehr vielfältiger Weise äußern können. Viele Symptome verschwinden bei vitaminreicher Nahrung in erstaunlich kurzer Zeit.

Etwa ab dem Alter von 2 bis 2½ Jahren (je nach Farbvariante und Hamsterart) zeigen die Hamster **Alterserscheinungen**. Sie werden teilnahmslos, schlafen viel mehr als früher, fressen weniger und bewegen sich nur schwerfällig. Man sollte sie in ihrer gewohnten Umgebung lassen und wenig aus dem Käfig herausnehmen.

Kurze Geschichte der Hamsterhaltung

Wissenschaftlich erstmals beschrieben wurde der Goldhamster (*Mesocricetus auratus*) 1839 von dem Naturforscher Waterhouse. Erst 1930 gelang es dem jüdischen Zoologen Prof. Aharoni aus Jerusalem, in der Nähe von Aleppo in Syrien (dem Fundgebiet des ersten Goldhamsters) die ersten **lebenden** Goldhamster zu fangen. Er fand in einem tiefen Bau eine Mutter mit 12 Jungen, von denen allerdings nur drei oder vier überlebten. Sehr bald gab es Nachwuchs von diesen Jungen. Alle in Gefangenschaft gehaltenen Goldhamster stammen von diesen wenigen, hochgradig miteinander verwandten Tieren ab.

Beim Goldhamster spielte sich der Domestikationsprozeß sozusagen in wenigen Jahrzehnten unter unseren Augen ab. In Deutschland schätzt man den derzeitigen Bestand auf weit mehr als eine Million Tiere.

Über England gelangten 1938 die Hamster in die USA. Nach dem Zweiten Weltkrieg wurden die Goldhamster als die idealen Versuchstiere nach Europa zurückgebracht. In sehr kurzer Zeit startete der kometenhafte Aufstieg zu einem der beliebtesten Heimtiere. Dennoch sind sie vital und lebensfähig geblieben.

Die genaue »Geschichte« der Zwerghamster kennt man nicht, doch ist die Ausgangsbasis für die Gefangenschaftszuchten sicher größer als beim Goldhamster.

Hamster in Zahlen

	Gold-hamster	Streifen-hamster	Dsungaren (Roborowskis)
Körpermasse	130–180 g	30–50 g	30–40 g (20 g)
Geburtsgewicht	1,5–2 g	1–1,5 g	1–1,5 g (0,8 g)
Tragzeit	16–18 Tage	21 Tage	21 Tage
Geschlechtsreife	30–50 Tage	30–40 Tage	30–50 Tage
Absetzalter	22–25 Tage	20–25 Tage	21 Tage
Wurfgröße	1–14 Junge	1–11 Junge	1–8 (1–6) Junge
Würfe pro Jahr	8–10	4–7	3–7
Lebenserwartung	2–3,5 Jahre	2–3,5 Jahre	2–3 Jahre

Die Verwandten der Hamster

Die Nagetiere sind mit etwa 3000 Arten die artenreichste Ordnung unter den Säugetieren. Alle Hamster gehören zur Unterordnung der Mäuseverwandten *(Myomorpha)* und zur Familie der Wühler *(Cricetidae)*.

Dsungarischer Zwerghamster.

Eines der bekanntesten Mitglieder dieser Gruppe ist der in Europa und Asien verbreitete Großhamster, der **Feldhamster** *(Cricetus cricetus)*. Dieses bunteste aller heimischen Säugetiere ist trotz seiner Anpassungsfähigkeit in weiten Teilen Westeuropas vom Aussterben bedroht. In vielen Ländern ist er deshalb geschützt, was ihm nicht viel nützt, da die Veränderung seiner Umwelt weiter voranschreitet. Wie auch seinem Namen zu entnehmen, ist der Lebensraum dieses meerschweinchengroßen Nagers das Feld, der Acker.

Der starke Pestizid- und Herbizid-Einsatz und sehr tiefgehende Pflüge vertreiben dieses einstmals fast als Plage angesehene Tier. Aus Gründen des Naturschutzes und auch wegen der Größe der Feldhamster empfiehlt sich eine Haltung dieser sehr interessanten und hübschen Nagetiere nicht.

Drei weitere Arten der Gattung *Mesocricetus*, der Mittelhamster, sind, neben dem bekannten **Syrischen Goldhamster** *(Mesocricetus auratus)*, aus Kleinasien, Bulgarien und Rumänien nachgewiesen.

Chinesischer Zwerg- oder Streifenhamster.

Als Heimtiere sind diese Hamster so gut wie noch nie in den Handel gekommen. Außer einigen Daten zur Verbreitung und zur Biologie ist fast nichts über diese engsten Verwandten der Goldhamster bekannt. Ähnliches gilt auch für einige Zwerghamsterarten. Eine Art der Gattung *Cricetulus*, zu der auch unser Streifenhamster *(C. griseus)* gehört, ist bis nach Europa verbreitet. Der **»wandernde Zwerghamster«** *(C. migratorius)* scheint in Ausbreitung begriffen zu sein und wurde jetzt sogar, von Rumänien kommend, am südlichen Peloponnes in Griechenland beobachtet.

Einige Zwerghamster haben – bei Hamstern ungewohnt – einen bis zu körperlangen Schwanz.

In der gleichen Unterfamilie der »Eigentlichen Wühler« *(Cricetinae)* findet man neben den Hamstern auch die **Afrikanischen Hamster**, die **Neuweltmäuse** aus Nord- und Südamerika und die asiatischen **Blindmäuse**. Die Neuweltmäuse haben zwar sehr große Ähnlichkeiten mit unseren Mäusen, sind aber eigentlich nahe Verwandte der Hamster.

Empfehlenswerte Bücher

Bielfeld, H.: Der Goldhamster. Verlag Eugen Ulmer, Stuttgart 1987.

Flint, W. E.: Die Zwerghamster der Paläarktischen Fauna. Neue Brehm-Bücherei, Ziemsen Verlag, Wittenberg 1966.

Frisch, O. von: Hamster, richtig pflegen und verstehen. Gräfe und Unzer GmbH, München 1989.

Fritzsche, H.: Hamster. Gräfe und Unzer GmbH, München 1988.

Kittel, R.: Der Goldhamster. Neue Brehm-Bücherei, Ziemsen Verlag, Wittenberg 1986.

Mettler, M.: Alles über Zwerg- und Goldhamster. Falken Verlag, Niedernhausen 1989.

Ovechka, G.: Hobby-Hamster. bede-Verlag GmbH, Ruhmannsfelden, 1993.

Schmidt, G.: Mäuse, Ratten und Streifenhamster. A. Philler Verlag, Minden 1984.

–: Hamster, Meerschweinchen, Mäuse. Verlag Eugen Ulmer, Stuttgart 1985.

Schmidt, H.: Nagetiere. A. Philler Verlag, Minden 1981.

Vereinigungen von Nagetierfreunden

Leider gibt es meines Wissens in der BRD keinen auf Hamster spezialisierten Verein.

VEZ = Vereinigung niederländischer Kleinsäugerfreunde mit regelmäßig erscheinender Zeitschrift und über 1000 Mitgliedern und vielen (Zwerg-)Hamster-Freunden
Frau T. T. M. de Groot, Dorpshuisstraat 37
NL-7924PP Veeningen
»Bundesarbeitsgruppe Kleinsäuger« in der BRD, Verein der deutschen Kleinsäugerfreunde,
Informationen: Anjali Gutleber
Landshuter Straße 36
D-84187 Weng-Hörmannsdorf

Ganz herzlich danke ich meinen Eltern, meinem Bruder Michi, Anja und Mag. Birgit Gollmann für ihre Unterstützung.

Register

Bildquellen

Foto auf Seite 46 unten von Hans Reinhard, alle
übrigen Fotos von Regina Kuhn.
Zeichnungen nach Vorlagen des Autors von
Siegfried Lokau.
Für die Aufnahmen zu diesem Band stellten uns
freundlicherweise die Firmen Zoo-Kölle, Stuttgart,
und Zoo-Utke, Esslingen, Tiere zur Verfügung.

Die Deutsche Bibliothek –
CIP-Einheitsaufnahme

Hamster : Goldhamster, Streifenhamster und
Dsungaren / von Georg Gassner. 2. Aufl.,
mit Farbfotos von Regina Kuhn und Zeichn.
von Siegfried Lokau. – Stuttgart : Ulmer, 1996
   (Heimtiere halten)
   ISBN 3-8001-7346-8
   ISBN 3-8001-3556-6 (3. Auflage)
NE: Gassner, Georg; Kuhn, Regina

© 1995, 1996, 2001 Eugen Ulmer GmbH & Co.
Wollgrasweg 41, 70599 Stuttgart (Hohenheim)
Internet: http://www.ulmer.de
Lektorat: Ulrich Commerell
Herstellung: Sibylle Brigel, Otmar Schwerdt
Herausgeber der Reihe »Heimtiere halten«:
Prof. Dr. Kurt Kolar
Printed in Italy